Ich und du

Holde Kreul (Hrsg.)

Ich und du

Was Kinder über sich und andere wissen wollen

Illustrationen von Dagmar Geisler

Loewe

Die Deutsche Bibliothek – CIP-Einheitsaufnahme

Ich und du : was Kinder über sich und andere
wissen wollen / Holde Kreul (Hrsg.). Ill. von Dagmar Geisler.
– 1. Aufl. – Bindlach : Loewe, 1998
ISBN 3-7855-3217-2

Gedruckt auf chlorfrei gebleichtem Papier.

ISBN 3-7855-3217-2 – 1. Auflage 1998
© 1998 Loewe Verlag GmbH, Bindlach
Bereits als Einzelbände unter den Titeln „Mein Körper gehört mir!“,
„Wo kommst du her?“, „Ich und meine Gefühle“ und
„Meine Familie, deine Familie“ beim Verlag erschienen.
Umschlagillustration: Dagmar Geisler
Umschlagtypografie: Karin Roder

Vorwort

Kinder sind neugierig und fragen viel. Darauf ehrlich und altersgerecht zu antworten ist nicht immer einfach. Dieser Sammelband hilft dabei.

Er setzt sich mit Themen auseinander, die Kinder bewegen: Wo komme ich her? Warum will ich manchmal nicht angefasst werden? Was macht mich froh und was traurig? Wieso ist diese Familie anders als meine?

Dieses Buch klärt auf sachlicher und emotionaler Ebene auf. Es hilft Kindern sich selbst kennen zu lernen. Denn es ermuntert dazu Fragen über den eigenen Körper zu stellen und über Gefühle und Erlebnisse zu reden und nachzudenken. Das macht Kinder sicherer, weil sie sich ernst genommen fühlen und so lernen sich selbst zu trauen.

Kinder, die zu sich selbst, ihrem Körper und ihren Gefühlen stehen, finden sich in ihrer sozialen Umgebung besser zurecht und sind weniger leicht verführbar. Sie merken, dass sie sich abgrenzen oder auch einmal „nein" sagen dürfen.

Die einfachen Texte und die ausdrucksstarken Bilder schaffen eine offene Atmosphäre ohne Tabus. Alle vier Bücher, die in diesem Sammelband zusammengefasst sind, laden Kinder und Erwachsene zum gemeinsamen Gespräch ein. Sie leisten damit einen wichtigen Beitrag zur Aufklärung.

Holde Kreul
Diplompsychologin

Inhalt

Mein Körper gehört mir!

Ein Aufklärungsbuch der PRO FAMILIA
Darmstadt

Liebe Erwachsene!

Der Umgang mit dem Thema „Sexuelle Grenzüberschreitung" ist nicht einfach. Dieses Buch will Anregungen zum Gespräch und zum Nachdenken geben.

Sie finden hier keine Darstellungen von sexuellem Missbrauch. Vielmehr werden Alltagssituationen beschrieben, durch die Kinder den Umgang mit sich selbst und anderen lernen können.

Kinder müssen eine selbstbewusste Einstellung zu ihrem Körper bekommen, die es ihnen ermöglicht Berührungen und Annäherungen, die ihnen unangenehm sind, wahrzunehmen und abzuwehren.

Für Kinder ist es wichtig sich ihrer Gefühle und ihres Körpers bewusst zu werden und zu erkennen, was sie mögen und was sie nicht mögen. Wir müssen die Kinder dazu ermutigen ihre Gefühle und Wünsche klar zu sagen. Sie sollen lernen selbst Grenzen zu setzen und nein zu sagen, wenn sie in eine für sie unangenehme Situation geraten.

Für uns Erwachsene bedeutet das, die Gefühle und Wünsche der Kinder zu erkennen und ihre Bedürfnisse nach Abgrenzung und Selbstbestimmung, gerade auch im körperlichen Bereich, zu akzeptieren.

Nur so schaffen wir eine Vertrauensbasis, die es ermöglicht, dass die Kinder über beunruhigende und belastende Erlebnisse reden können.

Als Vertrauenspersonen müssen wir die Kinder zum Neinsagen ermutigen und dürfen zu ihrem Schutz gegebenenfalls auch die Konfrontation mit den Erwachsenen, die die gesetzten Grenzen missachten, nicht scheuen.

Wir tragen die Verantwortung dafür, dass die von den Kindern gesetzten Grenzen eingehalten werden.

PRO FAMILIA Darmstadt

Ich bin Clara und ich habe etwas ganz Besonderes:
meinen Körper! Er gehört nur mir.

Als ich noch ein Baby war,
sah mein Körper natürlich ganz anders aus.

Ich wachse und wachse.
Mein Körper und ich verändern sich.

11

Ich bin stolz auf mich und meinen Körper.

Manchmal möchte ich jemandem nahe sein.
Dann berühren sich unsere Körper.

Es ist schön kuschelig, wenn Papa mich im Arm hält.
Ich schmuse gerne mit ihm.

Auf dem Schoß meiner Oma ist es gemütlich.
So sind wir uns ganz nahe.

Ein kleines Baby zu halten ist gar nicht so einfach.
Wir sind uns ganz nahe, wenn ich seine Hände halte.

Wenn ich meinen Freund kitzele,
berühren wir uns und lachen viel dabei.

17

Sich zu berühren ist etwas ganz Besonderes.
Ich allein bestimme, ob und von wem ich berührt
werden möchte.

Manchmal möchte ich nämlich einfach nicht berührt
werden.

Ich finde es nicht lustig, wenn mich jemand zu doll kitzelt. Das will ich nicht.

Ich finde es eklig, wenn mir jemand einen dicken „Schlabberkuss" gibt. Auch das will ich nicht.

Ich mag es auch nicht, wenn ein Hund mich mit seiner
nassen Zunge ableckt.

Ich fühle mich gefangen, wenn mich jemand zu fest hält.
Das will ich nicht.

Immer wenn mich jemand berührt und es mir nicht gefällt, ...

... dann sage ich: „Lass das. Fass mich nicht an. Ich will es nicht."

Wenn ich jemanden berühren soll und ich es aber nicht will, dann denke ich nicht daran es zu tun.

26

Ich sage: „Nein, ich mag dich nicht anfassen!
Ich will es nicht!"

Probier **du** doch mal laut und deutlich zu sagen:
„Fass mich nicht an! Ich will es nicht!" und
„Nein, ich mag dich nicht anfassen! Ich will es nicht!"

Ich finde es toll sich zu berühren, wenn beide es wollen.
Geht es dir auch so?

29

Aber wenn ich mich dabei nicht wohl fühle, dann lasse ich mich nicht berühren. Ich sage: **„Nein!"**
Denn ich allein bestimme, von wem und wann ich berührt werden möchte. Und **du** auch.

Manchmal hört jemand nicht darauf, wenn du „Nein!"
sagst, und macht einfach weiter. Dagegen musst du dich
unbedingt wehren. Wenn du es allein nicht schaffst,
dann erzähle es doch jemandem, dem du vertraust,
und lass dir helfen.

Denk daran: Dein Körper gehört nur dir.
Er ist etwas ganz Besonderes.

Informationsstellen

Deutscher Kinderschutzbund Bundesverband e. V.
Schiffgraben 29
30159 Hannover
Tel. (05 11) 30 48 50

PRO FAMILIA
Deutsche Gesellschaft für Familienplanung,
Sexualpädagogik und Sexualberatung e. V.
Bundesverband
Stresemannallee 3
60596 Frankfurt
Tel. (0 69) 63 90 02

Zartbitter e. V.
Kontakt- und Informationsstelle gegen sexuellen Missbrauch
an Mädchen und Jungen
Stadtwaldgürtel 89
50935 Köln
Tel. (02 21) 40 57 80

Wildwasser Wiesbaden e. V.
Verein gegen sexuellen Missbrauch
Beratungsstelle für Mädchen und Frauen
Walluferstr. 1
65197 Wiesbaden
Tel. (06 11) 80 86 19

Österreichische Gesellschaft für Familienplanung (ÖGF)
c/o Ignatz Semmelweis-Frauenklinik
Bastien-Gasse 36-38
1180 Wien
Tel. (02 22) 4 78 52 42

CASTAGNA (Schweiz)
Beratungs- und Informationsstelle für sexuell ausgebeutete Kinder,
weibliche Jugendliche und in der Kindheit sexuell ausgebeutete Frauen
Universitätsstr. 86
8006 Zürich
Tel. (01) 3 64 49 49

Die genannten Dachverbände geben Auskunft zu Adressen von
Beratungsstellen in den einzelnen Bundesländern und Regionen.

Holde Kreul

Ich und meine Gefühle

Liebe Erwachsene!

Kinder wissen oft nicht, wie sie mit ihren Gefühlen umgehen sollen. Sie orientieren sich an den Erwachsenen, die ihre Gefühle häufig verbergen.

Gefühle werden von außen sehr schnell bewertet, Wut und Eifersucht als negative Gefühle teilweise sogar bestraft. Dadurch erfahren Kinder, dass es sehr problematisch und unangenehm sein kann, wenn man seine Gefühle zeigt. Sie fangen an ihre Gefühle zu überspielen und zu verdrängen und schränken damit ihre Persönlichkeit ein.

Gefühle haben immer auch etwas mit einer Beziehung zu anderen Menschen zu tun. Kinder müssen deshalb ihre eigene Gefühlswelt kennen lernen um auf andere reagieren zu können. Die eigenen Gefühle wahrzunehmen und verantwortungsvoll mit ihnen umzugehen ist wichtig für das Zusammenleben. Inwieweit man seine Gefühle kontrolliert oder ihnen freien Lauf lässt ist ein Lernprozess und ein Ausprobieren von Grenzen.

Dieses Buch lädt zum Gespräch ein. Es will Kindern die Möglichkeit geben sich mit den eigenen Gefühlen auseinander zu setzen, sich wieder zu erkennen und eigene Reaktionen zu überprüfen. Es will aber auch Mut machen zu allen Gefühlen zu stehen.

Holde Kreul

Es ist gut, dass ich meine Gefühle kenne und sie zeigen kann. Wenn ich mich riesig freue, kann ich laut lachen und juchzen.

Wenn ich sauer und wütend bin, kann ich toben
und brüllen.

Wenn ich jemanden lieb habe, kann ich ihn umarmen
und mit ihm schmusen.

Wenn ich traurig bin, muss ich manchmal weinen.

41

Wenn ich Angst habe, möchte ich mich am liebsten
verkriechen.

Wenn ich neidisch und eifersüchtig auf jemanden bin,
streiten meine Gefühle in mir. Ich bin enttäuscht und
gleichzeitig sauer.

Manchmal wird ein Gefühl stärker und stärker.
Vor Angst werde ich ganz starr und traue mich nichts
mehr. Dann ist es gut, wenn jemand meine Hand nimmt
und mir Mut macht.

Manchmal stampfe ich vor Wut auch auf den Boden
oder mache etwas kaputt. Dann darf mir niemand
zu nahe kommen.

Wenn ich so zornig bin, fühle ich mich selber nicht wohl und habe Angst, dass mich keiner mehr mag. Aber die, die mich lieb haben, mögen mich trotzdem. Denn auch ihnen geht es manchmal so.

Mit meinen Gefühlen kann ich anderen weh tun, vor allem wenn ich wütend oder eifersüchtig bin. Aber wenn ich mich dann streite oder jemanden verletze, kann ich mich hinterher auch wieder mit ihm versöhnen. Manchmal fällt mir das schwer, weil ich mich schäme.

Wenn ich meine Gefühle zeige, bin ich damit nicht mehr allein. Dann kann sich jemand mitfreuen.

Dann kann mich jemand trösten und mit mir
darüber reden.

Weil ich meine Gefühle kenne, kann ich oft auch
die Gefühle von anderen verstehen.
Es ist schön zu spüren, dass ich anderen helfen kann.

Ich kann aber auch sagen: „Hör auf!", wenn jemand
wütend um sich schlägt.

Ich will nicht immer zeigen, was ich fühle. Besonders
nicht, wenn ich Angst habe ausgelacht zu werden
oder wenn ich nicht ernst genommen werde.
Dann tue ich so, als ob nichts wäre.

Manchmal kann man sehen, was ich fühle, auch wenn ich das gar nicht will: weil ich mich schäme und rot werde.

Weil ich Angst habe und zittere.

Wenn mein Herz ganz laut klopft, weil ich sehr aufgeregt bin, sieht das keiner. Das kann nur ich spüren.

Manchmal wollen mir andere meine Gefühle wegreden.
Sie sagen:
„Du alter Angsthase!" – wenn ich mich fürchte.
„Stell dich nicht so an!" – wenn ich traurig bin.
„Reiß dich zusammen!" – wenn ich wütend bin.
Aber meine Gefühle sind trotzdem da.

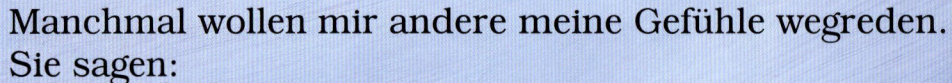

Es gibt Tage, da purzeln meine Gefühle durcheinander.
Mama oder Papa schimpfen mit mir und ich bin sauer –
aber ich habe sie trotzdem lieb.

Oder ich heule und weiß eigentlich nicht, warum.
Dann ist es schön, wenn mich jemand in den
Arm nimmt.

Wir haben jede Menge Gefühle.
Einige sind schön, mit einigen ist es schwierig. Aber sie
gehören alle zu uns – wie unsere Nase oder unsere Hände.
Das ist ein schönes Gefühl.

Sonja Härdin

Wo kommst du her?

Ein Aufklärungsbuch der PRO FAMILIA
Vertriebsgesellschaft

Liebe Erwachsene!

Kinder sind neugierig – sie wollen wissen, woher sie kommen, und fragen danach. Viele Eltern wollen ihr Kind nicht zu früh aufklären. Nur wann ist der richtige Zeitpunkt dafür?
Wir finden es richtig, mit den Kindern offen und sachlich über ihre Fragen zu sprechen. Aber jedes Kind hat in jedem Alter andere Fragen. Auf diese individuellen Bedürfnisse sollten Erwachsene eingehen. Denn durch einen offenen Umgang mit den Themen Sexualität und Schwangerschaft lernen Kinder auch natürlich damit umzugehen.
Dieses Buch will Anregungen zum Gespräch geben. Dabei wird neben der rein biologischen auch die lustvolle Seite der Sexualität angesprochen. Beides gehört zur ersten Aufklärung und zur Frage „Wo komme ich her?" dazu.

Martin Kessel
vormals PRO FAMILIA
Vertriebsgesellschaft

Hast du dir eigentlich schon einmal überlegt,
woher du kommst?

Vielleicht haben Mama und Papa oder irgendjemand
anderes schon mal mit dir darüber gesprochen ...

Früher erzählte man den Kinder manchmal, dass der
Storch die Babys bringt. Doch in Wirklichkeit ist das
ganz anders. Denn ein Storch kann ein Baby nicht hoch-
heben und schon gar nicht damit im Schnabel fliegen.
Die Geschichte mit dem Storch haben die Erwachsenen
nur erfunden.
Es ist ihnen nämlich manchmal peinlich zu erzählen,
woher die Kinder kommen.

In Wirklichkeit entstehen Kinder so:
Wenn eine Frau und ein Mann sich sehr lieb haben,
wollen sie sich auch sehr nahe sein. Die beiden hier
heißen Lisa und Lars.

Sie sehen sich an, sie fassen sich an, sie streicheln,
küssen und umarmen sich. Das finden beide schön
und aufregend.

Wenn Lisa das Schmusen mit Lars schön findet, wird ihre
Scheide warm und feucht.
Die Scheide ist wie eine kleine Höhle. Ihre Öffnung
befindet sich zwischen Lisas Beinen. Hier lässt sich Lisa
von Lars besonders gerne berühren und streicheln.

Wenn Lars das Schmusen mit Lisa schön findet, wird
sein Penis größer und fester.
Der Penis befindet sich zusammen mit dem Hodensack
zwischen Lars' Beinen. Lars mag es sehr, wenn Lisa ihn
dort streichelt und berührt.

Wenn es für beide besonders schön und aufregend ist,
kann Lars seinen Penis in Lisas Scheide schieben. Wenn
die Scheide feucht und der Penis steif ist, geht das ganz
leicht.
Für beide ist das ein wunderschönes Gefühl. Und weil
beide dieses Gefühl so genießen, bewegt Lars seinen
Penis in Lisas Scheide vor und zurück. Das nennt man
„miteinander schlafen", obwohl beide ganz wach sind.
Es gibt aber auch noch andere Worte dafür.

Wenn es so schön ist, dass es schöner nicht mehr
werden kann, haben Lisa und Lars einen Orgasmus.
Das ist schön kribbelig und warm in der Scheide und
am Penis. Aus Lars' Penis spritzt eine weiße Flüssigkeit
in Lisas Scheide. In der Flüssigkeit, die auch Sperma
genannt wird, sind viele kleine Samenzellen.

Die Samenzellen
haben einen kleinen Kopf
und einen langen Schwanz.

Der Orgasmus ist der Höhepunkt beim Miteinander-schlafen. Danach fühlen sich Lisa und Lars zufrieden, froh und müde. Sie kuscheln sich aneinander und schlafen zusammen ein.

Und was machen die Samenzellen, die noch in Lisas Scheide sind?
Einige wandern in die Gebärmutter. Sie ist wie eine große Höhle im Bauch und liegt hinter der Scheide. Dort können die Samenzellen auf eine winzige, weiche Eizelle treffen.

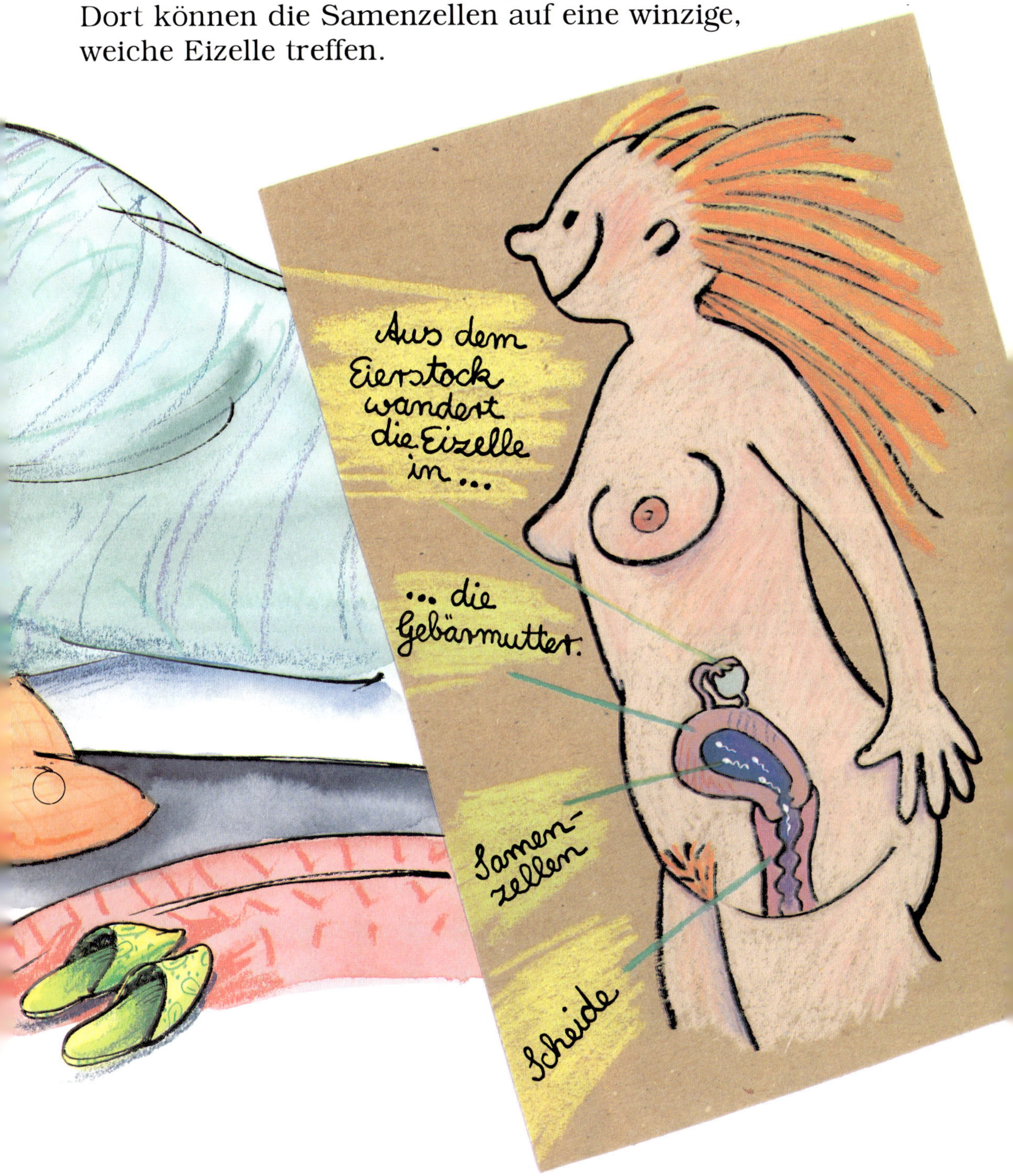

Aus dem Eierstock wandert die Eizelle in ...

... die Gebärmutter.

Samen- zellen

Scheide

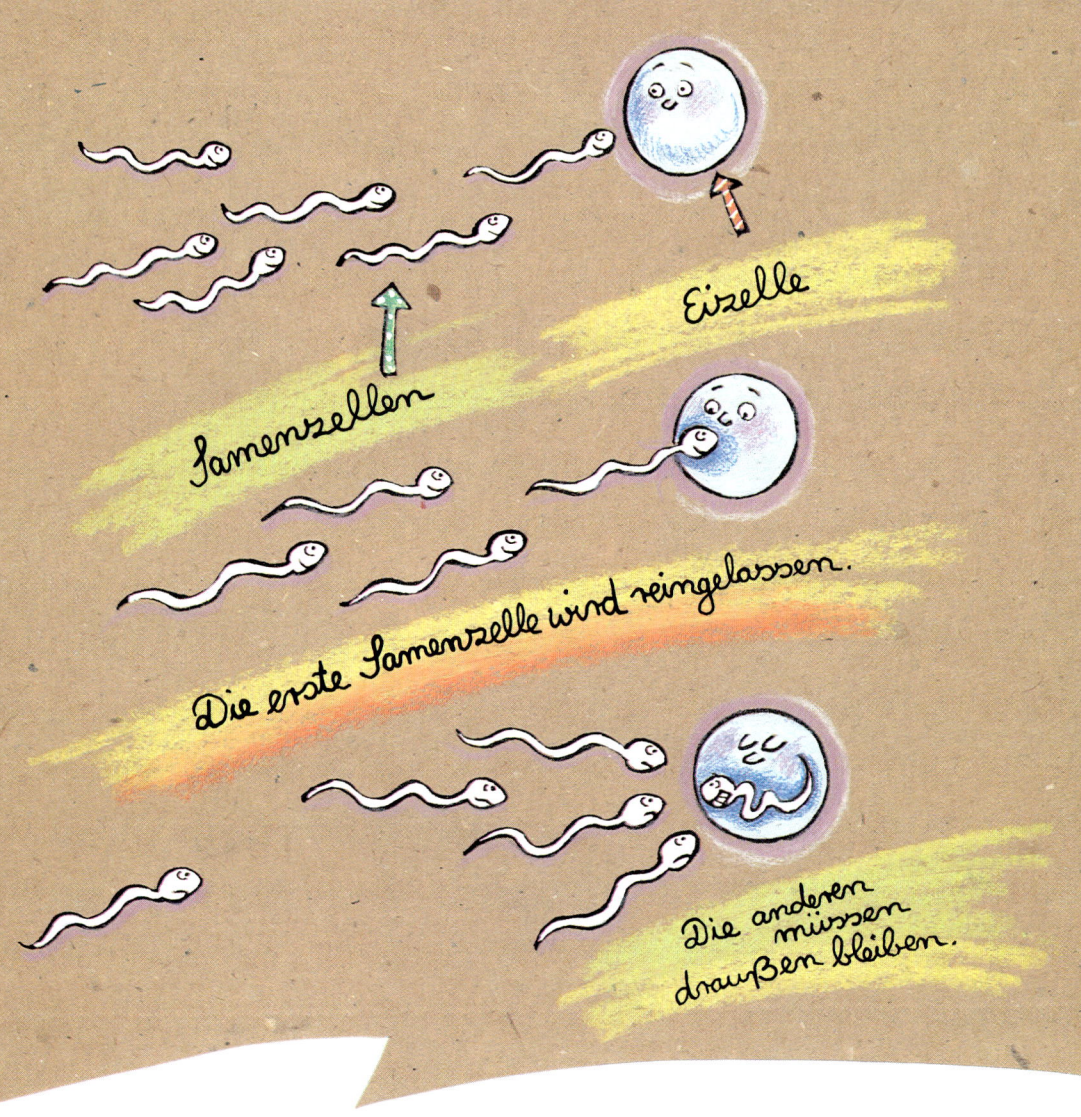

Samenzellen

Eizelle

Die erste Samenzelle wird reingelassen.

Die anderen müssen draußen bleiben.

Die erste Samenzelle, die es schafft die Eizelle zu erreichen, wird von ihr aufgenommen. Danach schließt sich die Eizelle sofort. Jetzt können keine anderen Samenzellen mehr hereinkommen. Die Eizelle ist befruchtet.

Die Samenzelle und die Eizelle verschmelzen zu einer neuen Zelle. Das ist der Anfang von Lisas und Lars' Kind. Lisa ist nun schwanger.

Hier benutzen Lisa und Lars zum Beispiel ein Kondom.

Lisa und Lars schlafen miteinander, weil sie ein Kind haben wollen. Aber vor allem, weil sie sich lieben und weil es ihnen Spaß macht.
Als sie noch kein Kind haben wollten, haben Lisa und Lars Verhütungsmittel benutzt. Es gibt verschiedene Verhütungsmittel, die verhindern, dass eine Samenzelle und eine Eizelle miteinander verschmelzen. Dann kann die Frau nicht schwanger werden.

Wenn die Eizelle befruchtet ist, fängt sie an sich zu teilen und zu teilen.

Nach 30 Tagen ist das Baby ungefähr 2 mm groß...

...und nach 7 Wochen bereits 2 cm.

Die befruchtete Eizelle ist am Anfang noch ganz winzig.
Aber sie wächst und wächst. Und bald sieht sie immer
mehr wie ein Baby aus.

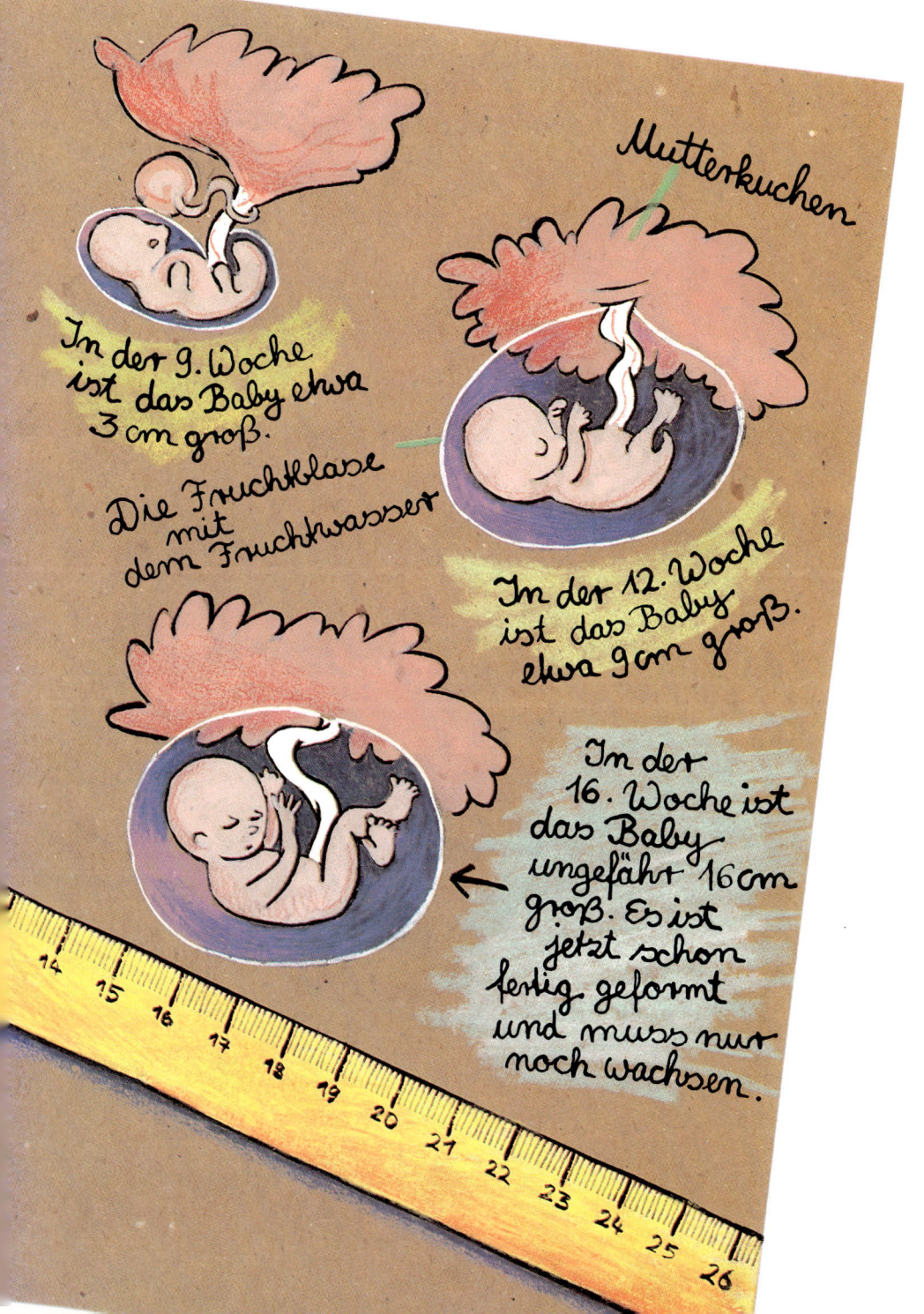

In der 9. Woche
ist das Baby etwa
3 cm groß.

Die Fruchtblase
mit
dem Fruchtwasser

Mutterkuchen

In der 12. Woche
ist das Baby
etwa 9 cm groß.

In der
16. Woche ist
das Baby
ungefähr 16 cm
groß. Es ist
jetzt schon
fertig geformt
und muss nur
noch wachsen.

In Lisas Gebärmutter liegt das Baby geschützt im
warmen Fruchtwasser. Dort bekommt es alles, was
es braucht. Wenn Lisa etwas isst, kriegt das Baby im
Bauch auch etwas davon.

Neun Monate wächst das Baby in Lisas Gebärmutter.
Lisas Bauch wird immer dicker und dicker. Vieles fällt
Lisa mit ihrem dicken Bauch schwerer als früher – zum
Beispiel das Schuhebinden.

Eines Tages ist es dann so weit. Das Baby will aus Lisas Bauch heraus. Lisa hat Wehen. Damit beginnt die Geburt.
Lisa und Lars sind sehr neugierig und gespannt auf ihr Baby. Sie fahren schnell ins Krankenhaus. Dort sind eine Hebamme und ein Arzt, die bei der Geburt helfen.

Während der Geburt zieht sich Lisas Gebärmutter
zusammen. Das sind die Wehen.
Eine Geburt dauert lange und Lisa muss sich sehr
anstrengen. Und es tut ihr weh. Doch nach jeder Wehe
gibt es eine Pause. Und außerdem ist Lars die ganze Zeit
bei ihr.

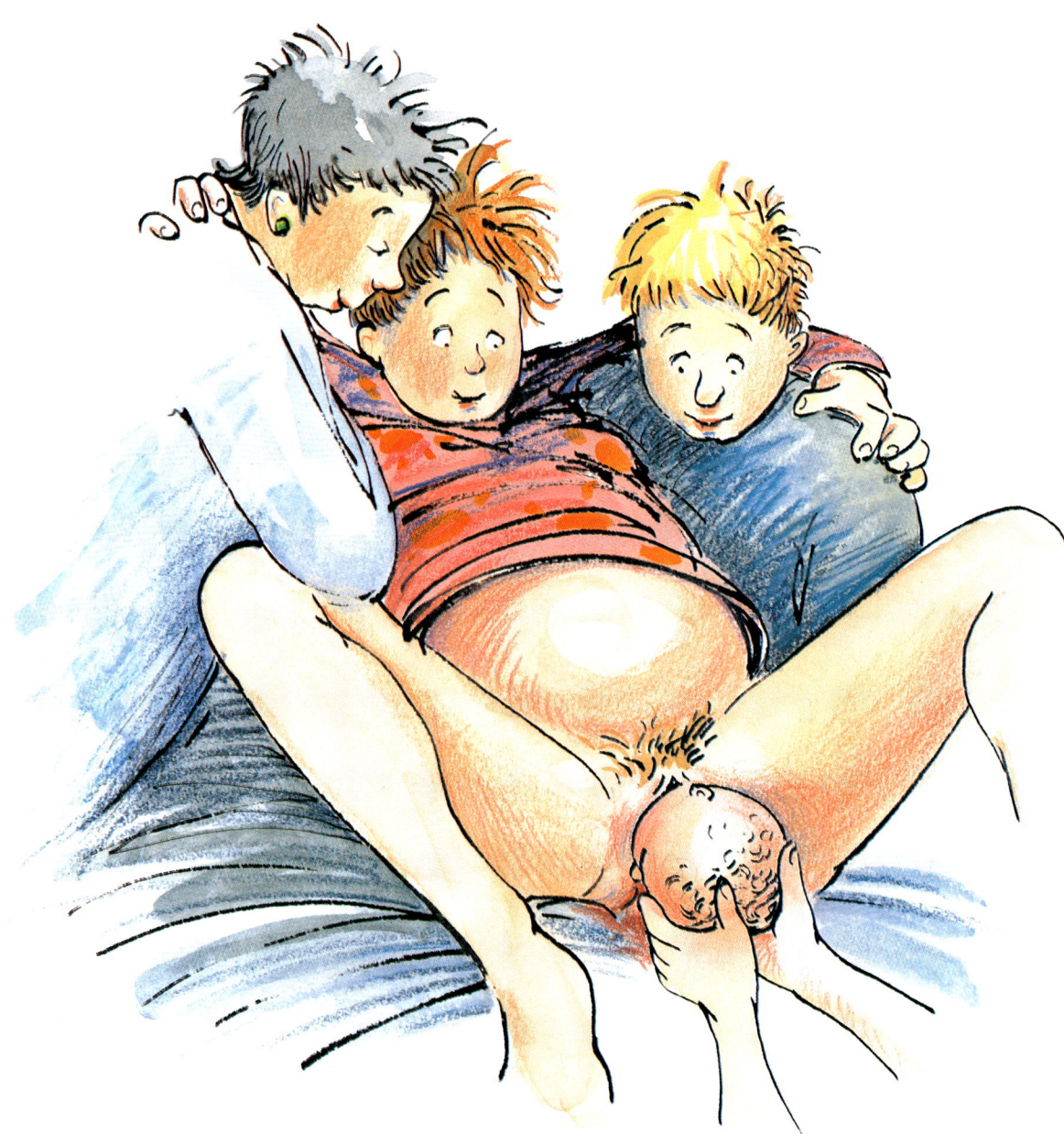

Am Ende der Geburt presst Lisa. So wird das Baby
durch die Scheide, die sich dehnt, hinausgeschoben.
Zuerst kommt der Kopf und dann der Rest des Körpers.

Wenn das Baby geboren ist,
ist es noch ganz feucht und
etwas schrumpelig. Es schreit
erst einmal laut, weil alles
ganz fremd ist. Deshalb ist
es gut für das Baby, ganz nah
bei Lisa und Lars zu sein
und sie zu spüren.

Nabelschnur

Nun sind Lisa und Lars Mama und Papa. Sie freuen sich
über ihr Baby, auf das sie neun Monate lang gewartet
haben.
Zusammen sind sie jetzt eine kleine Familie. Oder
vielleicht sollten wir besser sagen: eine Art von Familie.

Es gibt nämlich viele Arten von Familien.
Manche Menschen leben – wie Lisa und Lars – in einer kleinen Familie, das heißt mit zwei Erwachsenen und Kindern.
Andere ziehen mit mehreren Erwachsenen und Kindern zusammen. Dann werden sie zu einer Wohngemeinschaft oder leben in einer Großfamilie mit Opa und Oma.
Es gibt auch Familien, in denen Kinder allein mit ihrer Mama oder mit ihrem Papa leben.

Jetzt weißt du also, woher du kommst. Und wenn dir irgendjemand etwas anderes erzählen will, dann kannst du ihm ja sagen, wie Kinder in Wirklichkeit entstehen.

Holde Kreul

Meine Familie, deine Familie

Liebe Erwachsene!

Es gibt viele Möglichkeiten des familiären Zusammenlebens. Egal ob es sich um die „klassische" Familie (Vater, Mutter, Kind), einen allein erziehenden Elternteil, eine Pflege- oder Großfamilie, eine Wohngemeinschaft oder andere Formen handelt – immer geht es um Beziehungen.

Für Kinder ist es wichtig in ein Beziehungsgeflecht eingebunden zu sein, das ihre Grundbedürfnisse befriedigt. Kinder müssen sich geborgen und aufgehoben fühlen und sie brauchen einen Ansprechpartner für ihre Probleme und Fragen. Es kommt also nicht so sehr darauf an, dass Kinder in der traditionellen Kleinfamilie aufwachsen, sondern die Qualität der familiären Beziehungen ist entscheidend: Kinder wollen ernst genommen werden. Für sie ist es wichtig zu wissen, warum bestimmte Werte und Regeln von Bedeutung sind und wo man gegenseitig Grenzen akzeptieren muss. Sie brauchen aber auch einen Spielraum, um das familiäre Zusammenleben mitzugestalten. Dazu gehört zum Beispiel das Diskutieren von Rechten und Pflichten – vom Tisch abräumen übers Taschengeld bis zur Fernsehfilmauswahl und den Schlafenszeiten.

Das Buch regt Kinder dazu an, über ihre eigene familiäre Situation und andere Familienformen nachzudenken. Und es lässt viel Raum zum Gespräch.

Holde Kreul

„Wann sind denn endlich alle da?", fragt Jan ungeduldig. „Sonst ist dein sechzigster Geburtstag doch bald vorbei!"

„Das kann noch dauern", antwortet Oma Berger. „Die kommen ja alle von weit her. Wir können uns inzwischen Fotos anschauen. Ich hab ein Familienalbum, in dem alle drin sind."

IN KÄRNTEN

„Schau mal, das ist dein Onkel
Rolf aus Berlin mit Tante Karin",
sagt Oma. „Deine Cousine Sophie
war da noch ein Baby. Das Foto
hier rechts ist vom vorigen Jahr.
Da waren Martin 14 und Sophie
neun Jahre alt!"

90

WEIHNACHTEN

WER GEWINNT?

MARTIN, DER GROSSE GRILLER

AN DER OSTSEE

"He, da ist ja Papa mit drauf!",
ruft Jan.

"Und das auf seinen Schultern
bist du", sagt Oma Berger. "Das
war lange, bevor sich deine Eltern
getrennt haben. Erinnerst du dich
noch an deinen Geburtstag letztes
Jahr?"

BEI UNS
ZU HAUSE -
WARTEN
AUF JANS
GEBURTSTAGS
GÄSTE

BESUCH BEI PAPA

„Ist das Mama?", fragt Jan und zeigt auf die Frau, die das Glas hochhebt.

„Nein, das ist deine Tante Barbara", erklärt Oma. „Die Schwestern sehen sich sehr ähnlich bis auf die Frisuren. Hier rechts ist sie mit ihrem Freund Rudi und deiner Cousine Anne, die jetzt neun ist, auf Radtour. Sie leben mit noch drei anderen in einer Wohngemeinschaft."

DIE GESCHIRRSPÜL—
WELTMEISTERIN

AUF TOUR

DIE GANZE WOHNGEMEINSCHAFT

BARBARA ANNE RUDI JULIA THOMAS JENS

LARISSA KOMMT HEIM

„Dein Onkel Herbert mit seiner zweiten Frau Mala aus Kamerun kommt heute auch", erzählt Oma weiter. „Auf dem Foto hier war Larissa gerade geboren. Daniel war damals neun. Er ist sehr stolz auf seine Halbschwester. Larissa ist mittlerweile auch schon zwei Jahre alt!"

„Das sind Tante Gisela und Onkel Kurt", sagt Oma Berger. „Die kennst du ja von der Hochzeit letztes Jahr!"

DANIEL, DER SIEGER

96

HOCHZEIT

ONKA

GISELA, DIE
SPORTLICHE

„Ach du meine Güte!" Oma entdeckt das Familienfoto von ihrem fünfzigsten Geburtstag. „Schau mal, da hat Opa noch gelebt. Und deine Mama und dein Papa waren noch zusammen! Aber dich gabs noch nicht. Tante Karin war gerade mit Sophie schwanger. Barbara hatte Rudi schon dabei, aber Gisela war noch mit Ali da. Kurt hat sie erst später kennen gelernt. Und Susanne, die erste Frau von Onkel Herbert, lebte noch. Dein Cousin Daniel war da gerade ein Jahr alt!"

Es klingelt. Die Verwandten aus Berlin und die Familie von Onkel Herbert kommen gleichzeitig.

Endlich sitzen alle am Kaffeetisch.

„Sind wir jetzt eigentlich *eine* Familie oder viele Familien?", fragt Jan.

„Beides", sagt seine Mutter. „Oma und wir fünf Geschwister sind eine Familie. Aber jedes der Geschwister hat wieder eine eigene Familie. Trotzdem gehören wir alle zusammen!"

„Wir in der Wohngemein-
schaft sind auch viele kleine
Familien", sagt Anne. „Mama,
Papa und ich. Und dann
noch Jens und Thomas,
die schwul sind. Nur Julia
ist allein. Aber zusammen
sind wir wie eine große
Familie!"

Mala zieht ein Foto aus der
Tasche: „Das ist wie bei
uns in Kamerun. Da leben
auch viele Familien unter
einem Dach. Nur sind sie
alle miteinander verwandt."

Später gibt es für alle Eis.

„Oma ist toll", sagt Jan. „Die drückt bei vielem ein Auge zu. Und mittags kocht sie für mich ganz lecker, weil Mama doch arbeitet."

„Meine Mama fragt mir mittags immer Löcher in den Bauch", sagt Sophie. „Und sie kontrolliert mich ständig!"

Anne schaufelt Eis in sich hinein: „Wenn bei mir mittags mal keiner da ist, kann ich machen, was ich will. Dann ess ich, was für mich rumsteht. Manchmal kocht dann auch Jens für mich."

„Ich kann mit jedem reden, wenn ich Probleme habe",
erzählt Anne. „Aber wenn bei uns einer seine Ruhe haben
will, dann macht er seine Zimmertür einfach zu. Und
keiner darf rein ohne anzuklopfen. Ich mach das auch so."

„Bei uns wird immer alles ausdiskutiert. Papa nennt das
Familienkonferenz. Das ist manchmal ganz schön nervig",
sagt Sophie.

„Siehst du deinen Papa eigentlich oft?", fragt Daniel.

„Na ja, alle vierzehn Tage am Wochenende und in den
Ferien. Wir machen dann viel zusammen", antwortet Jan.
„Seine neue Freundin ist auch okay."

„Mala finde ich auch super", sagt Daniel, „obwohl sie nicht
meine richtige Mutter ist. Wir lachen viel miteinander.
Sogar Papa, der doch immer so traurig war, seit Mama tot
ist."

„Ich spiele am liebsten mit allen ‚Memory'", sagt Sophie.

„Aber aufräumen muss immer ich", stichelt Martin. „Ich räume auch meistens die Spülmaschine ein."

„Spülen tun wir abwechselnd", sagt Anne. „Aber wir sind ja viele in der Wohngemeinschaft! Und beim Putzen muss ich auch helfen, vor allem in meinem Zimmer."

„In meinem Zimmer räum ich nur auf", sagt Martin. „Putzen tut Mama. Das find ich prima!"

„Seid ihr eigentlich eine richtige Familie?", fragt Daniel
Tante Gisela. „Du und Onkel Kurt habt ja gar keine
Kinder."

Gisela lacht: „Natürlich sind wir eine Familie! Eben eine
kleine."

„Und mit wem schmust du?"

„Na mit Kurt – und da ist ja auch noch unsere Onka."

„Ich schmuse am liebsten mit Larissa", sagt Daniel.

Oma Berger kommt Arm in Arm mit einer Frau in den Garten.

„Hallo Tante Hedi!", ruft Jan.

Die anderen schauen verwundert. Welche Tante?

Oma lacht: „Das ist meine beste Freundin. Sie wohnt gleich nebenan. Wir kennen uns schon ewig. Sie gehört wirklich mit zur Familie."

Dann macht Sonja mit dem Selbstauslöser ein Erinnerungsfoto von der ganzen Familie.

„Das war ein toller Tag",
seufzt Oma Berger. „Schön,
dass alle mal wieder da waren."

Die **PRO FAMILIA** Deutsche Gesellschaft für Sexualberatung und Familienplanung e. V. wurde 1952 in Kassel gegründet. Der Verband ist parteipolitisch und konfessionell unabhängig und verfügt über ein bundesweites Beratungsnetz. Ziel der Gesellschaft ist es, die Bevölkerung über Sexualität, Sexualpädagogik und Methoden der Empfängnisverhütung aufzuklären sowie in Fragen der Familienplanung und des Schwangerschaftsabbruchs zu beraten. Darüber hinaus hilft PRO FAMILIA bei körperlichen und seelischen Schäden infolge von Vergewaltigung, Kindesmissbrauch und Abtreibung.

Holde Kreul wurde 1944 in Stettin geboren. Sie studierte Psychologie und beschäftigt sich seither vor allem mit Kindern, die Probleme haben. Lange leitete sie eine Tagesstätte für Kinder mit seelischen Störungen. Heute hat sie eine eigene psychotherapeutische Praxis und arbeitet mit Kindern und Erwachsenen. Seit mehreren Jahren ist sie auch Telefonberaterin bei einer Fernsehsendung.

Sonja Härdin wurde 1945 in Stockholm geboren. Eines ihrer ersten Bücher war „Wo kommst du her?". Es wurde in Schweden durch den RFSU (Schwedischer Reichsverband für Sexualaufklärung), das schwedische Äquivalent zu PRO FAMILIA, publiziert und vertrieben.

Dagmar Geisler wurde 1958 in Siegen geboren. In Wiesbaden studierte sie das Zeichnen und direkt nach dem Studium fing sie an für verschiedene Verlage Bücher zu illustrieren. Für die Bilder in „Mein Körper gehört mir!" bekam sie 1995 die Silberne Feder, den Kinder- und Jugendbuchpreis des Deutschen Ärztinnenbundes e. V. Dagmar Geisler hat einen Sohn und lebt mit ihrer Familie in Bayern.